尊敬についての随想

倉石 清志
Opus Majus

尊敬すべき善意ある読者に捧げる

目　次

はじめに	善意を動機に ………………………	9
第 1 章	まずはあなたに敬意を ………………………	17
第 2 章	疫病のような悪意 ………………………	21
第 3 章	より善く ………………………	31
第 4 章	善く生きる義務 ………………………	39
第 5 章	健全な離隔としての「黙殺」 ………………	45
第 6 章	意識改善 ………………………	53
第 7 章	驚き ………………………	57
第 8 章	尊敬 ………………………	61
第 9 章	悪意の種類 ………………………	65
第10章	憎む人 ………………………	73
第11章	妬む人 ………………………	85
第12章	利己的な人 ………………………	93
第13章	無責任な人 ………………………	103
第14章	悪口を言う人 ………………………	113
第15章	自己尊敬 ………………………	121
第16章	回答として ………………………	125
第17章	宇宙における善意 ………………………	131

尊敬についての随想

はじめに

善意を動機に

一つの善意がもたらす探求の機会
私は心からそれを敬おう

1　「尊敬」についての随想。この小さな試みのきっかけは、一人の親愛なる読者の便りであった。その手紙の重要な部分を要約すれば、それは以下のものとなる。

「悪意を向ける人は脅威である。その悪意が害意となるには諸々の状況が許さないだろうが、それでもその情念は私のささやかな人生の楽しみを理不尽に奪っている。今の辛い気持ちを乗り越えたい。なるべく負の影響を受けずに、悪意を向ける人と上手く付き合っていく方法はあるのだろうか？」

親愛なる読者に向けられた悪意または悪感情は、今のところ害意や殺意までには至っていないようだ。とはいえ、私はその読者の状況は深刻なものだと感じている。

はじめに

 2 悪意を向ける人は、不幸な人である。悪意は不幸である。悪意は幸福から遠ざかる。
 悪意は「精神の強さ」と一致しない。悪意は「精神の弱さ」から生じる。心の弱さに際限はない。
 他者に悪意を向けることで、彼の心はよりいっそう脆くなる。悪意を向ける人は、自己の負性または反本性に従って、世界の無数の価値から無際限に遠退く。

 3 正直なところ、その方の手紙を読んだときは一つの疑問があった。なぜなら、もし私が〈悪意ある人〉あるいは〈悪感情を向ける人〉に執着されたなら、そうした人に対してこちらに非がないのであれば、私はそうした人を黙殺すること、ようするにそうした人には善意でもってなるべく精神的にも、物理的にも近付かないこと、距離を置くことに決めていたからである[1]。
 やがて私は、その方はそうしたいがそうすることができない精神状態または環境状況だと察するようにした。

---
1 「創造的探求」・「探求的創作」の基本的行動の一環

4　それから私はその方に、私が最も効果があると信じる方法すなわち自身の理性・観想だけを頼りに自身の哲学に没頭[2]・専心[3]することをすすめてみた。

　哲学は知的思惟（思考）を主体にして諸真理ならびに真理創造者を探求（探究）する学問または活動である。哲学は理性的思惟・観想的思惟を主体にした真理探求が基本である。それゆえ、哲学はその学術的特徴である思惟探索性（観念への探索性）、思惟潜行性（観念への潜行性・潜考性・潜思性）によって真理への考察の一定の段階・階層で難解な内容になってしまうことがある。

　だが自身の哲学に没頭・専心することで、内なる本性に基づく自己存在の認識つまり自身がこの大いなる世界の一様態的存在であるという自覚に即した内省[4]によって自身の問題の全体を見通し、客観的にその問題に対処できるため、私はその方法をすすめた。真理探求には重要な価値のすべてがある、と私は確信している。

2　理性的一心、理性を主体とした一心
3　観想的一心、観想を主体とした一心
4　内観

はじめに

　ところが、私のすすめる方法は親愛なる読者からすれば、あまり好ましいものではなかった。その方としては、誰かの意見や先導を欲しているようだった。

　もちろんすでに、私の読者は最も一般的な方法を試していた。身近な人や友人などに相談することを。しかし残念ながら、その方法では悪しき状況を打開するまでには至らなかったようだ。

　ならば次に、私は古典哲学をすすめてみた。先哲たちの不滅の教えの書の熟読玩味を。そうした書物をゆっくりと時間をかけて学び、「賢哲との対話」から問題解決の糸口が見出せるのではないかと思い、読者に提案してみた。

　翌日、その読者から返事が戻ってきた。古典を読むことを選んでくれた。偉大なる先哲たちがそれぞれの探究で得た答えを残している。あなたの心の支えとなる言葉がきっと見つかるだろう、という旨を書いて送った。

　確信を得るために他者の観念の大海を泳ぐことは、自身の観念を鍛えることでもあるのだから……。

5 数日後、私は一人の悩める読者のことを思い出した。すると、その方の問いが私のなかで大きくなり、ついには一日の多くはそのことを思案するまでになった。

そして一つの概念が呼び起こされた。「尊敬」である。それも主に、悪意を向けてくる人に対するそれである。

尊敬について考えてみることは、私の読者の悩みの解消に多少なりとも有効ではないかと思えた。しかしながら尊敬についての漠然とした私的意見が、その方の質問の一つの答えとして果たして相応しいものだろうか？

その懐疑が消えることはなかったが、私に突如、次の言葉が舞い降りた。「探すことができるのは、すでに奥底で知っているからである」。この言葉を頼りに、私は自身の尊敬に関する漠然とした考え——それはあたかも遊びはじめて間もない嵌め絵(ジグソーパズル)のような空疎な見解——に向かった。

さらに数日後、私は着手していた仕事を中断して、時間の許すかぎり尊敬についての考察を随想という形でまとめようと決めた。

はじめに

　「微力ながら、真剣に悩める読者の力になりたい」、この動機は確かに私を支配していた。

　私の動機はそれだけではない。私たちにとって、なにかの主題について思索することは大きな喜びである。知的行動からなる喜びを、私の読者たちと共有できるのであれば、それはより大きくなるだろう。

　最後に、この尊敬についてのささやかな試みになにか腑に落ちないことがあったなら、私に直接連絡してほしい。あなたの意見は貴重である。私と共に考えていただける友を決して蔑ろにはしない、と断言する。

第 1 章

まずはあなたに敬意を

下から悪意を向けてくる人を気にせず、上を目指せ
　悪意はやがてあなたから引き離されるだろう

　1　弱き心でも見える景色。その景色から永遠の価値を発見することはできるだろうか？　その景色は虚しいものではないか？　その景色をいつまで見続けるつもりだろうか？

　あなたなら知っている、今いる場所から上に行くことができることを。心がより強くなることで見える景色がある。ならば上に行き、その景色を堪能したくはないか？　下の場所には無かった尊いものを、上で見出すことができるのではないか？

　一段上がると、また新たな上の存在を知る。ああ、上は果てしない。だから私たちの喜びも果てしない。

第 1 章

　2　親愛なる読者よ、〈悪意ある人〉[5] は心の弱い人である。悪意ある人は、自身の心の弱さが生みだした陰気性や劣等性などに支配されている。

　だがあなたは違う。あなたは強くあろうとしている。あなたは悪意に悪意で返すことはしないように努めている。あなたのより善き生への構築の努力に心から敬意を表したい。そして、あなたに向けられた悪意または悪感情が害意や殺意にならないことを心から願っている。

　3　ところで正直にいえば、私があなたの直接の手助けになれるかどうかは、私自身が疑っている。

　〈幸福の知的生活〉は愛に満ちている。しかし、その生活は困難なものである。いかなる状況であれ、いかなる人であれ、すべてを知的に愛すべきだ、と心では理解していても、その尊い理念を実践することは困難である。私たちはそのことを自身の経験を通じて知っている。

5　〈悪意を向ける人〉、〈悪意を抱く人〉、〈悪意を放つ人〉、〈悪感情の人〉、〈悪感情を向ける人〉、〈悪感情を抱く人〉、〈悪感情を放つ人〉

だがそれでも、私たちは善意を捨てずに挑戦し続けるだろう。理性[6]の導きに従い、すべてに知的な愛をもって接することに挑もうとする。

　なぜなら、私たちは「知の挑戦」の普遍的意義を認識しているからだ。すべての真理探求（真理探究）は、すべての〈真善美愛〉の原因に到達する。私たちはおそらく同じ確固たるものを見通しているだろう。だから次のことだけは断言しておきたい。

　私の親愛なる読者よ、あなたは決して独りではない、ということを。

6　理知、明知

第 2 章

疫病のような悪意

完璧な精神をもつ人間はいない
人間は善意よりも、悪意に流されやすい
このことは、人間が弱い存在であることを示す
ところが、すべての人間は悪意を心から歓迎しない
悪意が人間本性を蝕む疫病であるからだ

1　悪意はしばしば謂れなきところからやってくる。悪意は心の健全な人、たとえば善意に努める人あるいは善行に勤しむ人にも例外なく押し寄せる。

　悪意の襲撃に、人間は一瞬の驚きを経て様々な反応を起こす。その反応はえてして消極的なものであるが。

　人間は悪意には悪意で反応する傾向にある。しかしそのように反応する人の多くは、心の片隅ではそれが良い方法だとは思っていないようだ。

第 2 章

　自身が悪意に駆られたことへの疑いや戸惑いは正しい。悪意に悪意で返す行為は、単に気分が悪い、後味の悪い結果だけでは終わらない。

　悪意は疫病のようなものである[7]。悪意は精神ならびに生命の活動力を瞬時に減少させるか、もしくは停滞させる疫病である。悪意なる疫病は、人間の普遍的本性または人間の理性的本性、つまり人間本性に深刻な損害をもたらすのだ。

　2　人間本性のまま善意に努める人であっても、ひとたび対象の悪意に精神が消極的に反応したならば、その悪意の支配下に置かれたことになる。

　〈悪意返し〉は、対象から向けられた悪意を否定しながらも、それに過度に影響されたことを意味する。

　悪意に対して悪意で返すのは、悪意に主導権を握られたからである。悪意は常に主導権を握ろうとする。たった一つの悪意でさえ、その暴君的な負の伝播力を侮って

7　悪意の伝染 / 悪意の感染

はいけない。たった一つの悪意でさえ、負性の感染者すなわち悪意ある人を無際限に増やすこともある。

　悪性の展開は、善性の展開を最大の「敵」とみなす。悪性の展開は、人生のささやかな喜びや満足ですら支配的に踏みにじる。悪性の展開は、陰湿・陰険のままに、人生を正しく楽しむこと、より善く生きることを根底から破壊する。

　精神に悪性が育つや、人間本性に準じた知的善意の生、健気に築いてきた自分らしい生は一瞬にして腐食する。悪性に蝕まれた者は、自分、他人、環境、そしてあらゆる善を否定する。生への慢性的な不愉快さは呪いである。自身が招いた自身の呪われた境遇への呪いである。

　負性の疫病すなわち悪意は、一部の者だけが侵されるものではない。すべての者にその脅威はある。すべての者が悪意の因子をもっているのだ。私たちが気を許せば、内なる疫病はただちに発生し、すみやかに伝播することだろう。

3　私たちの心には常に善意と悪意が錯綜している。だがその事実は疎ましいだけではない。というのは、まず真理の多くは、理性の過程を通じて知られていくものだからだ。真理は真の観念によって知られるもの、つまり真理はそれ自身ならびに虚偽・誤謬(ごびゅう)を明確にする。

　このことから、より善く・より完全に展開する人間本性に即した自己の内なる善意と、より悪く・より不完全に展開する人間本性に反した自己の内なる悪意の存在を経験的に把握し、その両方を自己の理性を基準にして比較することで善意の真的価値を理解することができる。

　私たちは内なる善意と悪意の比較によって、悪意あるいは悪意に属するすべての情念[8]が、〈理想に従う生〉になんら有益でないことを確信する。そうした悪性の展開は、〈幸福の知的生活〉には無価値なのである。

　私たちは善意の価値を知っているがゆえに、善意に重きを置こうとする。善意の価値を知っているがゆえに、悪意から遠ざかろうとするのである。

8　負の情念、負の感情

4　ところで、人間は社会的動物の側面がある。善意と悪意を併せもつ人間は、共同体の内で生きていく。悪意における善意への執着は熾烈だ。それでいて社会は（善かれ、悪しかれ）、善意と悪意の傾向によってすみ分けされていない——もちろん、そんなことは不可能であるが——。

　善意と悪意が混在した社会で、善意ある人は自己の本性のままに展開することができる。善行に努めることで、自己の本性は理想に向かって高まるだろう。

　その一方で、善意ある人が善意・悪意が混在した社会で善意を展開していても、やはりその社会の性質上、悪意ある人と頻繁に遭遇することになり、ときとしてそのような相違した人から悪意を主体とした悪しき関係を迫られることがある。

　ある人は悪意を向けてくる人と共に勉学に勤しむこともあるだろう。またある人はそうした人と仕事をすることもあるだろう。最悪は悪意を向けてくる人と同じ家で生活することであろうか……。

いずれにせよ、一般生活を営む上で、私たちは悪意ある人との関係性が断ち切れることはほとんどないと思ってよい。だがその事実に絶望することはない。今はこのことだけをあなたに伝えておきたい。

5　私たちは人生を楽しみたい。私たちは善意を向けて限りある人生を楽しもうとする。

とはいえ、私たちがいくら正しく楽しく生きようと努めても、負の情念すなわち悪感情は、完全に消滅するものではない。

悪感情が完全に解消しないがゆえに、命が続くかぎり、決して途絶えることのない緊張を強いられる。そのような自己の内なる悪感情と他者から向けられる悪感情は、私たちの人生の試練となって立ちはだかる。

しかしながら前者（自己の内なる悪感情）は、指導理性による習慣づけによって、いいかえれば明瞭・判明な正しき知性の導きからなる習慣によって改善させることができるだろう。善意を主体とした知的な生によって、

少なくとも悪感情の支配力または権威を軽減させることができる。

　だが後者（他者から向けられる悪感情）は、自身の力だけではどうすることもできない領域がほとんどだ。それゆえ、悪感情を向けられることは、世間で言われる「人間関係の悩み」の主要なものとなる。

　そうした生々しい悩みは、必ず心を委縮させる。悪感情を向けられている事実に悩むことは、無際限に自己の活動力を低下させる。私たちは自身の想像力の誤謬性または混乱性によって、新たな不安、悲しみなどを生起させる。負の情念は、確実に今置かれている悩みを醜く肥大させる。

　もちろん、悩みごとで悩むだけではなにも解決しない。とはいえ、「悩みごとで悩むのは止めよ」、というのは実に難しい。それでも私はこういう他ない。「誰しも確かなものが内にある。あなたの確かなものは、あなたを導く。だから不確かなものを恐れる必要はない」と。

第 2 章

　私たちの知性は、儚き悪性に対して平静になるよう導くだろう。私たちは自身の知性を拠り所とすることで、自身にふりかかった悪しき事態を恐れることなく客観的に把握し、粛々と対処することができる。
　私たちは知性の力を信じている。私たちは絶えず自身の知性を磨き続けるだろう。自身の問題を完全に解決するには、自身の知性からなる納得が必須だからだ。そして、知性は私たちに普遍の幸福をもたらすからだ。

第 3 章

より善く

　　　分かり合いは尊きもの
　必ずしも努力だけでは分かり合えないからだ

　1　人間本性または自然本性に準じた知者は知っている、個人の善意の活動が世界の善意の活動であることを。善意を展開することで、世界の一部としての価値が輝くことを。

　善意は人間本性の能力である知性に基づく。善意の行動は、人間本性に即した知的行動の一つである。

　自己の内に美しい善意が無限に湧き出ていることを自覚する者は、自身の理性を頼りに純粋知性の源をたどるだろう。そうした知的行動は、世界の普遍的善の展開の一部である。いいかえれば、知的な善意でもって生きることは、世界の普遍的善の一水脈なのである。

第3章

　このことは、世界の永遠なる普遍的源泉は無数の善が結合した一つの〈大いなる善〉であることを意味する。世界は善の創造者である真理本体によって、統合的な善を基本に機能している。

　世界は真理本体あるいは真理創造者の意思（思惟）のままに、自己の内なる永遠の普遍的源流から無数の分有的善を流出させる。そして本性的使命を全うした分有的善は、その本性のまま大いなる善に流入するのだろう。

　2　この章の冒頭でありながら、私たちはいささか高く昇りすぎた。親愛なる読者の問題の考察に立ち返ることにしたい。

　ところで、世界は（広い意味での）欲望によって存在する。森羅万象は、自己の存在を維持するために努める、もしくは自己保存力の維持に努める。

　人間は善を欲する。人間は生きる上で、善い自分を、善い環境を望む。人間はそれぞれの解釈で善いと思うものを抱いており、それぞれが意識的であれ、無意識的で

あれ、そうした善いものに向かう。

「善」は完全性や有益性として言い換えることができる。反対に、「悪」は不完全性や有益性への妨げ、不善、欠善（善の欠如）として言い換えることができる。

人間は理知的に生きるかぎり、世界の本性の善としての生を望む。私たちは自己の本性に即してより善く、より完全に、より有益にありたいと望む。

本性に即してより善く生きる人、つまり世界の善としてより善く生きる人は、善と一致する感情を歓迎する。善い感情（善感情）[9]は、本性に即して善く生きることを妥当に促進させるからである。

3　人間本性に即して善く生きることは、最終的には「善そのもの」の本質と直接一致することが必然である。必然とはいえ、人間が理性作用を超越して本質直覚的（本質直観的）に善く生きることは極めて困難である。そうした直覚的な善の境地に到達するには、自身の純粋

9　理性的感情（理知的感情）、本性的感情、正の感情、能動感情など。

精神を悟り、理知的な道を純粋に奥深く辿らなければならないのだから。

　多くは自身の精神の働きを確認しながら生きる。善意ある人の多くは、善意であることを確認しながら生きる。もちろんそれはそれで、尊敬に値する健気な生き方だ。

　4　善意ある人は、世界に向けて「善い生」を実践するように努める。そうした人の中には、自身に悪意を向ける人に対して最も望ましい関係を強く願うものがいる。

　たとえばそれは、いかにして悪意ある人と分かり合える（理解し合える）か、いかに仲良くなれるか、などである。なるほど、確かに悪意を向ける人と親密な関係を築けたならば、それは素晴らしいことだ。

　「分かり合い」なる概念を、世俗的臆見を除去することなく大きな意味で捉えたなら、心からのもの（真の分かり合い）と、見せかけのもの（偽の分かり合い）は混在される。ようするにこの考えでは、分かり合いには「程度」が発生してしまうことになる。

これにあえて従えば、（ここでの）「分かり合い」の多くは、見せかけのものであろう。いいかえれば、互いが妥協したもの、つまり妥協点（落としどころ）を見つけたものであろう。私としては、「妥協」なるものが分かり合いの一種であるとは、とうてい思えないわけであるが。

　とにかく、悪意を向けてくる人との妥協した分かり合いの状態では、さらなる望まぬ関係を生む可能性をはらんでいる。私たちはこのことを理解しておく必要があるだろう。

　もちろん私は、（真の意味での）分かり合いを素晴らしいものだと考えている。私はここで、悪意ある人との分かり合いを否定しているのではない。

　読者たちがそのように誤解しているとは思っていないが、私は善意を向けて生きるには用心すべきことがあること、ならびに悪意ある人との妥協した状態では、真の和合によって人間本性に基づき善を育むことは限りなく

第 3 章

不可能に近いことを主張したいのだ[10]。

　実際、悪意ある人との妥協した状態では、悪意ある人の内なる悪意はただ仮眠しているだけである。その状態では、彼の悪意が完全に消えることはない。彼の悪意は潜めているだけなのだ。ゆえに、悪意を向ける人の悪意は、いつ起き上がるか分からないのである。

　5　世の中に奇跡と呼ばれるものがあるかもしれない。たとえ無責任に悪意を向ける人であれ、稀に本当に心から理解し合えることがあるのだろう——これが本当なら、まさに人生の醍醐味の一つといえる——。

10　とはいえ、多くの相違性からなる人との僅かな類似性によって生じる奇跡の如き和合の可能性を捨てるべきではないと思う。この願いは幼稚で、安直だと批判を受けるかもしれない。それでも私は、同じ人間ならば全く類似性がないということはありえない、と信じる。たとえ微弱なものであっても、類似性すなわち「愛の機会」があるならば、私たちは自己の本性に従って、それを大きく、強く、たくましく育むことができるだろう、と……。善意を向けて生きることに努める人の多くが、この奇跡に等しい「相違性との類似的和合」の希望を胸に秘めていると信じる。

だが、かかる奇跡を期待しようとしまいと、私たちの行為は一貫していなければならない。
　そう、私たちが悪意ある人に執着されたなら、私たちは自己の指導理性あるいは指導原理に即して、あらゆる関係がより善くなるように動くだけである。

第 4 章

善く生きる義務

善意を向ける
それは遂行することである
世界の一部であることの本性的な義務を

　1　現代は科学のめざましい発展によって、人間あるいは人間社会の様々な問題の一部が速やかに解決されている。科学に身を捧げる者たちの直接的な社会貢献度は、他の学術分野に比べても高いといえよう。

　私たちは昔の時代に比べて、科学の恩恵によってより快適に自身の成すべきことを成していけるのである。

　他方、現在の心の問題、たとえば対人関係がもたらす悩みは古代のそれとさほど変わらないようだ。一般的な現代人の多くは、一般的な古代人さながら対人関係がもたらす悩みに時間を奪われている。

この事実からすれば、現代人は古代人を馬鹿にする資格はないだろう。現代人は古代人と同様、いまだ対人関係の悩みを解消することができないのだから。

2　誰しも負の情念に支配されているかぎり、正しい判断や認識を使用することは困難である。この命題は私たちの日常の経験をもって正しいことが知られる。

あたかも医者が患者の体に外科刀を入れていくように自分の心の状態を認知し、改善していくことは多くの人にとって容易ではない。多くの人たちは、それが古代人であれ、現代人であれ、幻想の志向によって今そこにある苦悩から目をそらす。

なるほど、確かに「幻想」に古代も現代もない。自身の心の幻想に自身が惑わされ、より悪い状況に追いやる者はいつの時代でも変わりないようだ。

私たちを苦しめる悪意は、臆見を契機にしている。いいかえれば、悪意あるいは悪意に属する情念は、誤謬と混乱の想像からなるものである。

3　ところで親愛なる読者よ、もしあなたが相手に対して落ち度があるなら、つまり彼を傷つけてしまったなら、あなたはすぐに心から謝罪すべきである。

　もちろんそうでないなら、悪意ある人は、あなたに一方的に不当に悪意を向けている可能性がある。その場合、前向きな対話は絶望的だろう。

　悪意ある人は、あなたを臆見的に否定している。彼が悪しき激情に駆られているかぎり、彼は決してあなたの存在を正当に肯定しない。そのため、あなたが平静なまま彼に近づくものなら、彼の悪意は増大し、場合によっては嫌がらせをされたり、暴力を受けたりすることもあるだろう。したがって、あなたは悪意ある人に十分に気をつける必要があるのだ。

　4　人生には様々な問題や面倒が発生する。それでも私たちは、自身の使命や目的を失わないように努めて生きるだろう。

第4章

　私たちはそれぞれ、「善意によって好きなことをする」ために、もしくは「おのれの成すべきことを成す」ために日々を生きるだろう。

　私たちは知っている、理性を主体にして生きることが本当の自分らしい生き方であることを。

　私たちにとって、毎日を正しく楽しく成すべきことを成すために生きることは尊い。そう、私たちは理性に即して「正しく楽しく生きる」ことを正当に肯定する。そうした生への承認は自然本性的である。それゆえ、自己の本性のままに人生を堪能すべきである。

　5　私は今、「先ずは生きよ、次に哲学せよ」[11]という言葉を想起する。この意味には悪意ある人から離れることも該当していると思う。なぜなら、生きることには衣食住の確保だけでなく、善く生きることも含まれているからだ。

11　Primum vivere, deinde philosophari

生命は尊い。私たちは自身の限りある命を全うさせる責任がある。私たちは望まぬ環境、悪しき環境から離れる権利がある。私たちは善く生きる義務を全うする必要があるのだ。

第 5 章

健全な離隔としての「黙殺」

善意による「黙殺」[12]の手段がある
悪意に近づくことなく
悪意に意識を傾けることなく
善意でもって健全に離隔せよ
願わくは、敬いつつ

　1　親愛なる読者よ、あなたの身の安全を考慮する立場にある私としては、悪意を向けてくる人への一貫した対応をあなたに伝え続けることになる。

　11世紀の波斯(ペルシア)のある詩人は、人生がもたらす儚さ、虚しさ、理不尽さに対して「酒を飲む」ことを一時の解決策として推奨し、これを押し通した。

12　silence, silentness, silent treatment

第 5 章

　私の場合、悪意なる災いに対しては「健全な離隔」[13]すなわち「黙殺」あるいは「黙過」を推奨し、これを押し通すことにしたい。

　2　悪意は荒々しい熱風。悪意はあらゆる意識を飲み込もうとする。荒れ狂う熱気の強風を避け、自身の内なる木陰で涼むがいい。静謐(せいひつ)に目的を追求するために。

　私たちは自己の本性に即した目的をもっている。私たちはその目的を全うするために、より善く努めている。だから、悪意を向けられて心を悪くする必要はない。悪意に意識を傾ける必要はまったくないのだ。

　もし悪意を向ける人が身近にいるなら——たとえそれが職場の同僚であれ、学校の同級生であれ、友人の一人であれ、家族の一員であれ——、私たちは自己の正しい認識かつ知的な善意によって、可能なかぎりその人から、精神的に、物理的に離れるべきだろう。

13　それは「不健全な離隔」すなわち「無視」や「軽視」などとは異なる。

3　私は悪意を自然現象または自然作用として認識している。人間は世界の一部である。悪意ある人の悪意は、善意ある人の善意と同様に世界の一部の作用である。

　ここで読者のなかには、「悪意は自然現象である」といったような考えができるのであれば苦労などしない、と訴える方もいるだろう。確かにそうだ、と私はその読者の意見に同意するとともに、次のことを付け加える。

　まず、あらゆる有機体は生きることに懸命である。ましてやより善く生きることは険阻な道程である。

　だが善く生きること以上に厳しい状況がある。それは進みたいと願っても進めない過度の失望である。いいかえれば、自身の現状を改善・向上しようと願望しても、思うようにいかない現状によって生じた絶望に陥ることである。

　私はさらにその読者にこう続ける。悪意ある人の悪意に悩まされずにすむ方法が他にあるならば、おそらくそれは私が提案する方法である「悪意からの健全な離隔」よりも困難なものではないだろうか、と。

第 5 章

　私たちは十分に知っている、他人を変えることは不可能に近いことを。しかし自分を変えることは難しいことであるも、他人を変えることよりは容易である。
　私たちは十分に知っている、消極的な断念や怠惰などによって苦悩の根を取り除くことができないことを。

　4　人間の行為のはじまりは、常に集中と緊張を伴うものだ。善く生きるために、悪いもの、より悪くなるものから距離を置く活動を新たにはじめたり、維持しようとしたりするには多くの活力・精力が消費されるだろう。
　だが、私たちには習慣がある。習慣は一般的に中立なものとして見なされている。それは私たちの意向（のあり方）によって善習にも、悪習にもなりえるからだ。
　悪意ある人から健全に離れる行為は、――人によっては長い過程を経るものかもしれないが――慣れれば半ば無意識的になされるようになる。日々の継続つまり習慣化によって悪しき相違性からの「離隔の意識」を自分のものにすることが可能なのである。

49

当然のことだが、自身の目的を遂行するには自身の限りある生命または時間を有効に使用しなければならない。そのため、私たちはそれぞれの目的に専念することを妨げる悪意を粛々と黙殺する必要がある。このことだけでも、いかに健全な離隔が人生にとって重要であるかがお分かりいただけよう。

　5　私にとって「黙殺」あるいは「黙過」とは、対象の存在を嫌悪感によって否定することではない。同様に、それは対象を無視・軽視することでもない。
　「黙殺」あるいは「黙過」とは、健全な離隔のことである。すなわち、健全な精神または妥当な知性によって黙殺すべき対象から離隔すること、もしくは理知的な善意によって黙殺すべき対象またはそうした対象の悪意を「柳に風と受け流す」ことである。
　ところで、この小さな試みの主題は「尊敬」である。ここでは、悪意ある人から健全に離隔しながらも、同時にその人を尊敬することが可能であるかを試みる。

第5章

　しかしそうした試みが決して容易ではないことを、私たちは見通すことができる。とはいえ少なくとも、黙殺すべき対象を黙殺することは、自己の普遍的本性に即して「成すべきことを成す」活動を促進させる。もしくは、自己の本性的活動に最善を尽くすことにつながる。

　6　悪意を向ける人は、〈黙殺すべき対象〉あるいは〈黙殺の対象〉の一部である。そうした人への健全な離隔は、世界の善の展開に貢献する行為である。

　ところが残念なことに、多くの人はそうしたくてもできないなにかしらの制約を受けている。悪意ある人から離れることが許されない環境にあるとき、私たちは悲観しそうになる。だがそんなときだからこそ、自身と悪意ある人との関係を客観的に捉えてほしい。

　悪状況におかれ、心がくじけそうになったときにこそ、私たちは自身の理性に立ち返ることが重要なのである。私たちの心が負の情念に支配されないかぎり、私たちの理性はその能力を発揮するだろう。

あるいはそのとき、理性は理性と類似した感情または理性と結合する感情、すなわち理性的感情（理知的感情）[14]を味方につけるだろう。汝、理性を信じよ！　自分の理性を信じられるのは、まずもって自分である。内なる理性は、あなたを幸福に導く。

　理性に即して善意を向ける人は、あるがままの現実を妥当に肯定しようと努める。たとえ悪意を向けられた場合でも、知的にその状況を楽しもうとする。その楽しみには「心の宝探し」も含まれる。

　知的な善意によって悪意ある人の悪意を黙殺し、その人から優れた部分を発見しようとする行為、すなわち「心の宝探し」によって、大切なものが損なわれることは決してない。むしろその行為によって、大切なものは研磨され、より高まることだろう。

14　たとえば、満足／充足／自己満足／自己充足、愛／自己愛、知的愛、真理愛、喜び、承認、勇気、寛容（寛仁）、高潔、清爽、温和（温厚）、平静心、不動心など。

第6章

意識改善

自分を変えたら、世界は変わる

　1　親愛なる読者たちよ、ご承知のとおり私の一人の読者が悩んでいる。その方の悩みは、なにも特別なものではない。その方にふりかかった問題は、私たちの問題でもある。

　私事で恐縮だが、今の私は他者と競争する必要がない活動すなわち〈探求の活動〉または〈探求の創作活動〉に携われている。そんな私ですら、日々の生活で悪意を向けられる可能性は十分にある。

　悪意を向けられ、その悪意に取り込まれ、支配されたなら、私の内に悪感情が即座に芽生えてくるだろう。すべての悪感情は、真理探求のために手間暇かけて洗練させた清澄(せいちょう)な精神を一瞬にして濁らせ、乱れさせる。真理探求者にとって、悪感情は不要なものである。

第 6 章

　2　私は自分が真理探求の途上にあることを省みる。私は他者を批判する身分ではない。我が道を行くだけである。幸いにも私は、おぼろげながらも「最高善への道」を見出し、実際その道程を歩ませてもらっている。そのため、私は無責任に、軽率にその道から外れられない。

　善道が続いている。私はその途上で無数の善と出会い、関係し、刺激を受けることができる。

　刺激を受けることは変化である。世界の変化には、当然ながら改善や向上（上昇）の側面がある。そうした善的変化は、滅びゆく非普遍性に属していない。自己のより善い展開は、世界普遍の一部の展開である。

　3　宇宙あるいは世界は、拡大と縮小、増大と減少、隆盛と衰勢などを絶えず無数に繰り返す[15]。世界における全存在は、それぞれの固有性に従って拡大と縮小、増大と減少、隆盛と衰勢などを絶えず無数に繰り返す。

15　宇宙秩序の不断無数の変動展開は多面的な意味合いをもつ。拡大と縮小、増大と減少、隆盛と衰勢をはじめ、増進と減退、促進と停滞（抑制）、加速と減速、能動と受動など。

世界の可滅性すなわち生命体は、世界の一部としての個的な変動展開によって実在的役目に従事する。生命ある存在はいずれ死すべき運命にあるが、それでも世界の一部であるかぎり、その内には普遍性を宿している。

4　自己の普遍概念を通じた意識改善または意識改革によって本性展開化する。普遍概念を通じた意識改善によって、世界の価値と普遍的に関係一致し、変様展開しはじめる。意識改善によって、世界の価値の一片となれる。

　世界は変動展開するが普遍である。絶えず流れる世界は永遠なる価値を育んでおり、その世界の源泉が「世界の一部」である全存在に無数の価値を分与している。

　世界の価値の一つは善である[16]。自己の精神を改善または向上させることで、世界の一部である「私」はより善くなる。このことは世界の一部である「私」が、大いなる善に向けて〈純化〉していることを意味する。私はこのことを確信している。

16　世界の価値は〈真善美愛〉である。

第 7 章

驚き

人の心は震撼する
新しさを表象することで驚きは生まれる
驚きは新性と遭遇し、関係したことを意味する

1　私たちは世界の謎に驚きを抱かざるをえない。私たちはその謎に問い続ける、心の震撼[17]のままに。

人は無知からはじまる。だから無知そのものを恥じることなかれ。無知からの脱却の意志を否定することなかれ。私たちは無知を自覚するがゆえに、世界の無数の事実を欲する。いや、世界の無数の真理の理解を欲する。

無知の自覚者は、真理の謎の覆いをはぎ取ることに向かう。無知の自覚から知的探求がはじまる。世界は知的探求者に絶えず真理を照らし、感動を与え続ける。

17　心の動揺

第 7 章

 2 親愛なる読者よ、驚きは展開し続ける世界との親縁性または密接性を実感させる。私たちの内なる驚きは、私たちが世界の一部であることを予感させる。

 驚き[18]とは精神が諸々の新性、たとえば未知性[19]（初見性[20]）、新奇性[21]、特異性[22]などを表象し、そうしたものに精神がとらわれている状態のことである。

 あらゆる驚きは、関係性によって生じる心の震撼である。心が震えることは生きることそのものだ。私たちが世界と関われば関わるほど、それだけ世界の深さに驚くだろう。

 驚きは知ることにつながり、知ることは真理にふれることにつながる。人間は無知による驚きを契機に、世界の永遠無限なるものに知的に接近する機会を与えられている。

---

18 驚愕
19 未知なるもの
20 初めて見るもの
21 新奇なるもの
22 特異なるもの

3　正しい知性は能動的に真理に導く。正しい知性は能動的に完全性に導く。

人間の妥当な精神は、必然的により大なる善に傾向する。人間の妥当な精神は、必然的により大なる善と普遍的に関係一致し、変様展開する。

そして、人間の妥当な精神は、必然的に無数の善を統べる大いなる善と普遍的に関係一致し、変様展開する。

私たちは正しい知性によって、無数の小なる善を展開させる世界の基軸としての大いなる善と関係変様（関係変状）することができる。

私たちが永遠無限なる大いなる善の観念を有しているということは、私たちがそうした善と関係し、互いが影響し合っていることを意味する。私たちの妥当な精神は、大いなる善すなわち世界の理想の一端を担っているのだ。

私たちはこの永遠の真理の圧倒さに、心を奪われる。

第 8 章

尊敬

人生は敬服の連続だ
世界には〈尊敬すべき対象〉が無数にいるのだから

　1　黙殺すべき対象は、愛を減退・抑制させ、憎悪を増進・促進させる傾向にある。その者の不知的な憎悪は、その類似性を育む。

　反対に、尊敬すべき対象[23]は、憎悪を減退・抑制させ、愛を増進・促進させる傾向にある。その者の知的な愛は、その類似性を育む。

　2　親愛なる読者よ、私はいかなる尊敬も愛の道につながる可能性があると信じている。

　「尊敬」。この言葉には、どこか重々しさがあることを否定しない。また同時に、高尚な印象もある。

23　尊敬の対象

第 8 章

　そうした印象は必ずしも間違いではない。というのは、尊敬は本来的には普遍に属するものであるからだ。真の尊敬は、世界本性の内奥に移行するための機会となる。
　尊敬に普遍が宿っているなら、その根幹は世界の原理と結びついている。尊敬は「尊敬の原理」を内包している。普遍的に尊敬する人は、尊敬すべき対象に内在する尊敬の原理に向けて、その対象を理性的に祝福する。

　3　ところで、私の敬愛すべき哲学者は理性を重んじた。その哲学者によれば、「尊敬」[24]とは「人間の賢明（聡明／明敏）あるいは講究（研鑽／精励／勤勉）、それらに属するものを優れたものとして驚くこと」である。
　またその哲学者によれば、尊敬は「献身」[25]となりえる。「献身」とは、「驚きの対象（驚愕の対象）または尊敬すべき対象（尊敬の対象）に対する愛のこと」である。

24　veneratio
25　devotio、帰依、忠順、忠誠など。

ここで（驚きや尊敬と結合する愛である）献身について論じることは適当ではないと思う。なぜなら、ここでの考察の対象はもっぱら〈悪意ある人〉であるからだ。

　私たちは悪意ある人を黙殺しながら、またはその対象から精神的にも、物理的にも健全に離れながら、その人から尊敬性を発見し、認め、そして敬おうとする。

　しかしながら、私の能力では悪意ある人から理性主体に変様した尊敬性あるいは知的探求の尊敬性、ようするに諸真理ならびに真理本体[26]への英知と探究心または賢明と講究、そしてそれらに属するものを見出すことは極めて困難である。

　だがせめて、悪意ある人から優れたところ、つまり「優良性（優性）」としての一般概念による尊敬性だけでも見出し、それを敬うこと、ならびに悪意ある人との関係性から共通概念（普遍概念）による尊敬性を見出し、それを敬うことが私の意図である。

　このことについては、次の章でも述べられるだろう。

26　真理創造者、最高完全者

第 9 章

悪意の種類

悪意ある人の心は脆い
悪意ある人の悪意を静謐(せいひつ)に探求すること
善意は普遍である
ゆえに、善意は世界の本望にある

　1　私たちが善意ある人でありたいと望むなら、私たちは必然的に自己の本性に従って悪意から遠ざかろうとする。私たちの命が有限だからだ。

　私たちに与えられた善意の活動のための時は、悪意の妨げによって奪われている。善意によって悪意の妨害から距離をとり、他の諸善意に——可能なかぎり多くの善意に深く、——自身の善意を向けることはごく自然なことである。そうした健全な離隔は、理性ならびに理性と一致する感情すなわち理性的感情または能動感情を基軸とした活動である。

第9章

 2　私たちは理性に即した善意を心から肯定し、共有している。私たちは「善意によって正しく楽しく生きる」こと、または「理性に即して正しく楽しく生きる」ことに努める。

そうした知的行動は、普遍概念に基づき構成されているため、自身に大きな充実をもたらすだけでなく、より大なる善意の普遍展開を必然的に育んでいる。

知的行動によって、私たちは世界の一部として世界の永遠無限なる大いなる善に貢献しているのだ。

一方、悪意もまた世界に貢献している。だがそれは、世界における(不知性、蓋然性としての)偶然性や付帯性、破壊性・消滅性、改悪性・退廃性、縮小性・停滞性などの運動あるいは作用として。いいかえれば、悪意は世界展開の可滅性・不完全性・反本性の役割を担う。

とはいえ、悪意ある人のすべての行動や思考（思惟）が世界の悪性の一部なのではない。悪意ある人も世界の一部であるかぎり、彼の内にも自然本性と一致するような尊敬性を宿しているはず。

3　さて親愛なる読者よ、これから悪意ある人の種類について若干の考察を試みる。それにあたり、私たちは悪意ある人を馬鹿にしたり、哀れんだりせず、平静にそれに取り組むことだろう。なぜなら、私たちが自身の目的を達成するには、自己の精神を理性的に保ち続ける必要があるからだ。

それと前述したように、私の力では悪意ある人から本来的な意味での尊敬性、すなわち理性的尊敬性あるいは知的探求の尊敬性、つまり諸真理ならびに真理本体への英知と探究心あるいは賢明と講究、さらにそれらに属するものを探し出すことは極めて困難である。

だからせめて、悪意ある人から「優良性（優性）」としての一般概念による尊敬性だけでも探し出し、それを敬うこと、ならびに悪意ある人との関係性から本来的な意味での尊敬性すなわち理性的尊敬性あるいは知的探求の尊敬性、つまり共通概念（普遍概念）による尊敬性を探し出し、それを敬うことが目標となる。

第 9 章

　悪意ある人から容易に離れることができないにしても、少なくとも彼から一般的な意味での尊敬性すなわち一般概念による尊敬性を探索することで、あなたの生は今よりも豊かになると信じる。

　4　ところで、私は悪意ある人を〈黙殺すべき対象〉あるいは〈黙殺の対象〉の一部として捉えている。黙殺すべき対象あるいは黙殺の対象とは、善意でもって黙殺（健全に離隔）せざるをえない者たちのことである。

　ゆえに、黙殺すべき対象あるいは黙殺の対象は、非常に大きな枠である。つまり、悪意を向ける人または悪感情を抱く人をひとまとまりにして捉えられる長所がある一方で、それは細部に分枝した彼らの性質を吟味することには適していない。

　このことも関係して、これから悪意ある人を主要なものに分けて考察するだろう。すなわち「憎む人」、「妬む人」、「利己的な人」、「無責任な人」、「悪口を言う人」に。

重要なのは、そうした諸傾向は私たちの内にもある、ということである。私たちは憎む人、妬む人、利己的な人、無責任な人、悪口を言う人になることもあるのだ。

　たとえば、いま妬む人に陥ったかと思えば、瞬く間に憎む人になることもあるだろうし、無責任な人になると同時に、悪口を言う人になることもあるだろう。

　そういった意味では、私たちは私たちに内包する悪意への傾向を省みることになる。

　5　最初に、憎む人。その者の「憎しみ」または「憎悪」は、悪意の代表のようなものである。

　次に、妬む人。その者の「妬み」も（憎しみと同様）、悪意の代表のようなものである。

　それから、利己的な人。まず、「利己心」とは他者や社会を顧みず、自身が渇望する対象のことを主体に表象する心の状態のこと、あるいはそうした対象に妄執する欲望のことである。そのため、利己心が他者に向けられる悪意そのものであるかについては、否と即答する。

第9章

　利己的な人は、自己の利益を最優先する。その者は、利益か損失か、有益か無益か、無害か有害かを利己的に判断する。

　自己利益を妄執する者に望まない状況が発生した場合、その原因を排除するために、その者の目的への渇望は他者に向けられる悪意と結合する傾向にある。

　なかには、自身の渇望を邪魔する対象に対しては、あらゆる犠牲を払ってでも、つまりいかなる悪事に手を染めてでも阻止しようとすることさえある。

　そして、無責任な人。「無責任」とは本来的な意味では、自身の意思や行為、関係（に責任）を負わないことである。ここでの無責任は、もっぱら「無責任な悪意」のこと、あるいは匿名を利用して無責任に悪意を放つことを指す。

　最後に、悪口を言う人。「悪口」は、自制心が弱い未熟者または狭隘者(きょうあい)による低劣な悪質行為である。悪口は未熟な人間性による最も軽率な行為の一つである。

以上の悪意の諸傾向あるいはそれらとの関わりから、なにか敬えるものを見出せるように努めてみたい。

　しかしこの考察のために与えられた時間は限られており、またそれほど多くはない。そうした状況での考察は、概括的または浅い層を掘るだけのものとなるだろう。たとえそうであっても、湿った無秩序のなかから尊敬性の断片を探すことは、実に心躍る試みではないだろうか？

第 10 章

憎む人

憎む人は悲しみを展開する
愛する人は喜びを展開する
愛が憎しみを凌駕する「理性の力」を養おう
知的な愛によって、憎しみは征服される
愛によって、憎しみを癒そうとする意志は尊敬に値する

　1　悪意は多面である。だが、憎しみなき悪意は存在しない。悲しみなき悪意は存在しない。「憎しみ」または「憎悪」は、悲しみの一種である。

　あなたに憎しみを向ける人は、あなたによって悲しんでいる。彼にとって、あなたは悲しみの対象である。彼はあなたが存在することを喜んでいない。

　では、彼の憎しみはどこからもたらされたのだろう？　前述したが、もしあなたに非があるなら、あなたが彼を傷つけてしまったなら、あなたは謝るべきである。

第10章

　しかしあなたが彼を傷つけていないなら、あなたへの憎しみは根拠なき一方的なものであるかもしれない。ようするに、誤解や妄想の事例である。

　相手が誤解している場合、その誤解を解くことができたなら彼の憎しみは消えるだろう。また相手が妄想している場合、彼の妄想が心の病を原因としているなら、彼は適当な病院で治療する必要があるだろう。

　いずれのものでないなら、彼はあなたを故意に、無責任に憎悪していることになる。

　2　あなたに憎しみを向ける人は、あなたという存在の観念を抱くことで、またはあなたと接することで精神ならびに生命の活動力を減少させている。

　あなたを憎む人は、自身の悲しみという「苦」を除去しようとする。あなたを憎む人は、あなたの存在によって苦しんでいるため、彼は自身の激しい情念である憎しみを主体に、あなたを否定・排除しようとする。

だがあえて言わなければならない。憎しみを恐れる必要はない、と。なぜなら、憎しみをはじめとするすべての悪意は、可滅性・不完全性・反本性であるからだ。

　憎しみは無価値なもの。憎しみは儚きもの。憎しみは不確かなもの。憎しみは真理と相違したもの。

　あなたが不滅性・完全性・本性の真理すなわち永遠の真理を信頼しているなら、あなたは移ろいやすい虚しき悪影響を恐れる必要はないのだ。真理は永遠性に導く。真理を愛する生は、永遠性と関係一致する幸福の生である。〈幸福の知的生活〉は、あらゆる悪性を遠ざける。

　それから、憎しみを向けられたからといって、あなたの善意ある生き方が間違っていることにはならない。考えてみてほしい。清廉潔白な聖者であれ、一度も憎まれたことがない者など存在しないのだから。

　とはいえ、上記の考えは簡単に受け入れられるものではないだろう。憎しみは、強力な情念の一つである。憎まれることは生きる上で当然起こりえることだと理屈では分かっても、その事実を俯瞰することは容易でない。

ましてや憎しみを向ける人から優性を発見し、敬おうとすることは困難を極める。善意の道には大きな障壁がいくつも立ちふさがっている[27]。だがそれでも、私たちは理性に基づき、あらゆる悪性の展開にも「永遠の愛」への道につながる機会があることを信じるだろう。

3　ところで私たち人間からすれば、愛することには先行するものがある。それは認識である。ある対象を認識することによって、その対象への愛や憎悪などが生じる。対象を愛するには、まずその存在を認識することが必要なのである。

　認識は当然ながらそれが明瞭であるほど、対象をより正しく、より深く理解することができる。妥当に理解することで、正しく深く愛することができるのである。

---

[27] それには、たとえば自身の大切な人の命を無慈悲に奪った凶悪殺人者などからいかに尊敬性を見出すか、といったことも含まれる。そうした人に憎悪や嫌悪感を抱かず、尊敬性を見出そうとすることに多くは挫折するに違いない。これは私たちにとって大きな課題である。

愛は喜びの一種である。愛は人間の精神ならびに生命の活動力を増大または促進させる。愛すること、愛されることはすべてそうした喜びの性質である。

　私たちは本性的に喜びの関係に傾向する。私たちは自己の活動力を減少させるもの、もしくは停滞させるものよりは、自己の活動力を増大させるもの、もしくは促進させるものと連結し、展開しようとする。

　4　私たちは自己の活動力を減少させるもの、もしくは停滞させるものに関係すると悲しむ。憎しみに囚われることは、悲しいことである。

　私たちは本性的に悲しみから遠ざかる。私たちは悲しみ多き人生を歩むことを良しとしない。心の弱さのままに生きることを良しとしない。

　人間本性に準じる者は、純粋な喜びとともに、より善く生きようと知的に前進・向上する。その旅は理性からなる幸福の一環である。

第 10 章

　幸福は不幸と連結しない。幸福と不幸は相違している。幸福と不幸に類似性はない。
　幸福な人は不幸な人に囚われない。幸福な人は幸福から離隔しない。幸福な人は幸福を放棄しない。幸福な人は幸福を通じて、不幸な人と関係するのみ。

　5　もしあなたが憎しみを向ける人と善い関係を築けないと判断したならば、あなたは善意によってその人から早々に離れるべきである。
　だがときとして、憎しみを向ける人は自分が黙過されると怒り、その行為に対して新たな憎悪を抱きながら、不服を申し立てることもある。自分は避けられている、自分は被害者である、と。
　なかには「侮蔑してなにが悪い」、と開き直る者がいる。他には、自身の悪意を覆い隠すために自身の悪意の動機は「愛である」と偽り、さらなる悪意によって執着する者もいる。いずれも思わず唖然としそうになる。

とにかく憎しみを向ける人は、憎しみの対象が離れると、より憎み、より執着してくることがある。憎む人が自己存在を否定されたと想像したからだ。

　存在否定されること、あるいは存在否定されたと臆見することは大きな悲しみを生む。憎む人は憎しみの対象を軽視していない。憎む人は意識的であれ、無意識的であれ、憎しみの対象から自己存在を肯定されたいのだ。

　それゆえ前述したように、憎む人は自身を黙過した人をより憎み、より執着することがある。

　6　憎む人の苦労は、ある程度だが想像がつく。誰かを憎み、執着しながら生きることは、大変な労を要するだろう。

　憎む人は自身の悪意に駆られて毎日を送っているのだ。私たちが彼のような生き方を模倣するや、すぐに憂鬱になり、疲労困憊し、人生にとって大切な〈心の宝〉を見失うだろう。

第 10 章

　私たちの意志に（常にそれを決定する原因を要するかぎりでの）随意性、任意性があると仮定するならば、憎むこと、憎しみを止めることはその人に委ねられていることになる。負の情念からの縛りという状況は、彼自身の心によって作られたものである。自身の憎しみの隷属から脱する方法は、その憎しみを捨てることのみ。

　憎む人は自身の悪性の縛りから抜け出そうと思えば、すぐにでもそうすることができるのだ。しかし悪意に支配されて生きる彼にとって、心を自由にすること、心を自由に保つことは容易でない。

　したがって、これは決して嫌味ではなく、憎む人の終わりなき苦労をねぎらうべきだと思っている。

7　実のところ、憎む人は自身の空虚さ、荒んだ気持ちなどを早急に解消したいと望んでいる。いかなる悪意を抱く人であれ、自身の活動力を減少、停滞させる悲しみの継続を誰が心から歓迎しようか。

憎む人自らが造りし不満、鬱屈、苦悩による壮大な〈悲愁(ひしゅう)の迷宮〉から脱出した事例を私は知らない。もしかすると「憎む人」でいるかぎり、誰一人そこから脱出した者はいないのではないだろうか？

　いや、憎む人も有徳的改心（更生）の可能性を秘めている。憎む人の改心は絶望的だが、それでも可能性はある。このように期待するのは甘いことなのだろうか？　少なくとも、私たちは憎む人に対するさらなる探究が必要であろう。

　8　いずれにせよ、憎む人であっても、その人が完全な悪者であることはありえない。私は与えられた時間のなかで、彼ならびに彼との関係から尊敬性あるいは優良性の主要なものをくみ取り、敬うことに努めたい。

　[1] 憎しみ（憎悪）が動機では、永遠の真理を得ることはできない。真理は善性・完全性である。憎しみは悪性・不完全性である。憎しみは、善性・完全性と普遍的に関係一致し、変様展開することができない。

第10章

　悪性・不完全性である憎しみは、その反本性に即して悪しき人生すなわち不幸の人生をもたらす。私たちは、自ら進んで不幸になることはできない。だが、不幸の人生なるものを憎む人から切実に教わることができる。

　知識・情報は価値がある。それは優れたものである。不幸に関する知識・情報であれ、同じである。したがって、憎しみを主体とした生き方を示してくれたこと、ならびに憎むことですべての善性から遠ざかることの知識・情報それ自体を敬うことができる。

　[2] 憎しみに支配された人は、憎しみによって人生を無駄にする。彼は憎しみによって人生を悲劇にする。

　あなたを憎む人は、あなたの存在を無視することができない。彼にとって、あなたという存在は自分の人生の時を犠牲にしてまでも執着し続ける価値があるのだ。

　憎まれることは、あなたの存在が大きいということである。あなたの影響力それ自体は優れたものである。あなたは、自身の影響力に敬意を表することができる。

[3] 憎しみへの愛の対応によって、健全な自己尊敬をもたらす。まず、あなたに憎しみを向ける人は、あなたの存在によって自己の精神ならびに生命の活動力を減少させている。憎しみの生に喜びはない。

あなたはそのことを知っている。あなたは意識的に、自主的に、積極的に、自己の活動力を減少させることはしない。それゆえ、あなたは憎しみを憎しみで返すことはしないだろう。

むしろ、あなたは愛によって対応するように努めるだろう。愛の対応は、あなた自身の活動力を増大させる。愛の生は喜びに満ちている。

あなたは自身の愛の対応に敬意を表することができる。そのあなたの自己尊敬は妥当なものである。あなたは、あなたを憎む相手に優しくなれる「精神の強さ」をもっているのだ。

第 11 章

妬む人

「私の人生」の主人公は「私」である
主人公として自身の人生を堪能できないなら、
不当な、不健全な思惑を生み出すこともある
不幸な心はそれに類似した性質を運ぶ
たとえば嫉妬
妬みによって「私の人生」を脇役として生きるのか？

 1 人生は旅である。人間は目的に向かって旅をする。私たちが大きな目的を目指している場合、もしくは私たちが目指す目的が大きなものだと他者から思われた場合、私たちは他者から嘲笑や侮蔑などを受けることがあるだろう。また同様に、妬まれることがあるだろう。

 虚無、絶望、後悔などの負の情念に隷従した人、なにか目標を定めることなく、なにかに向けて挑戦しようとしない人、善意が欠如した人、幸福から遠ざかっている

第 11 章

人たちは、自分より優れた人、恵まれた人、明るく前向きに生きる人、直向きに生きる人、善意にあふれた人、幸福に満ちた人などを妬む傾向にある。

　妬みは悪性または不完全性である。そのため、妬む人は誰かを妬むことで、自身の活動力を減少させている。

　他方、妬まれるだけでは私たちの活動力が減少することはない。しかし彼の妬みに悪影響を受けることで、自身の内に彼の情念と類似した負の情念を生みだし、自身のそれに支配されることによって、そうなるのである。

　2　ここで誤解のないように申し上げておきたい。私が「妬み（嫉妬）」[28]と「悋気」[29]を異なる意味として理解していることを。

　まず、悋気とは妬みと結合した情念である。すなわち、悋気とは妬みと結合した、愛するものに対する悲しみ、または憎しみのことである。

28　「羨望」、「妬心」、「猜忌」などと同義。
29　「艶羨」、「悋愛」、「やきもち」などと同義。

次に、妬みとは他者の善性や幸福を悲しむこと、または憎むこと、反対に、他者の悪性や不幸を喜ぶこと、または愛することである。
　ある対象を憎むがゆえに、その対象の悪性や不幸を喜ぶ、または愛するのである。したがって、妬みは憎しみの一種である。

　3　ところで昔、ある経営者が妬みは善でも悪でもない、と私に語ってくれた。さらに、妬みを上手く利用すれば経営的な成功に導いてくれる、といったことも。
　たとえば、妬みの対象を目標にし、その対象に妬みの力で少しでもはやく追いつこうとするだろう、と。たしかに、妬みの力でその性質と一致するなにかを積み重ねることはできるだろう。
　世間では結果を大事にしている。もちろん私もそうだ。だが私は、結果以上に結果に至る過程を大事にしている。なにかを得たさい、それを得るまでにどのような過程をたどったか、そのことは結果よりも重要である。

第11章

　妬みの労力を、労力それ自体として敬うことはできる。しかし、善意の展開を阻害する悪意に支配されてなにかを成そうとすることには、共感することはできない。

　4　私たちにとって、妬みは悪意である。妬みは憎しみの一種である。または変様（変状）した憎しみである。そうした性質であるかぎり、他者を妬むことは、人間本性に深刻な損害をもたらす。

　あなたはそのことを知っている。そのため、あなたは他人を妬まないように努めている。そして、あなたは他の類似した者たちに善意を向ける。

　あなたは孤独な隠者のように生きるのではなく、社会の一員として他者と関わりながら生きるだろう。あなたが社会で善く生きている場合、または幸福に生きている場合、あなたは誰かに妬まれることがあるだろう。

　だが、恐れる必要はない。あなたは妬まれても堂々としていればよい。あなたは確かなものによって支えられている。あなたの不動心は、豊かな土壌で育ったものだ。

あなたを妬む人は、あなたのことが嫌いである。あなたを妬む人は、あなたのことが気に入らない。心の弱い彼があなたを妬む主な理由は、あなたの心が弱くないからだ。妬む人は、自身が脆弱であることを自身で示す。彼は自身の心が貧しく弱いことを告白する。
　一方、あなたの意識は完全性に向いている。あなたの意識は永遠性に向いている。だから、あなたは彼の妬みと対峙する暇はない。あなたは健全に妬みを看過せよ。

　5　さて妬む人であっても、その人が完全な悪者であることはありえない。そのため、彼ならびに彼との関係から尊敬性あるいは優良性の主要なものをくみ取り、敬うことに努めたい。
　[1]　妬まれるのは、あなたの存在が大きいからである。（憎む人と同様、）妬む人はあなたの存在を無視することができない。あなたのために人生の時を捧げている。これらの事実を認識し、あなたはあなた自身の優れた影響力を敬うことができる。

第 11 章

[2] 彼の眼識[30]や感性は、尊敬に値するものである。あなたを妬む人は、あなたの素晴らしさを知っているのだ。あなたに優れた部分があることを認めているのだ。あなたが優秀または幸福であることを、彼は悲しんでいるのだ、または憎んでいるのだ。

そして、あなたを妬む彼に、知識的に、肉体的に、技術的に、能力的に優れた部分があるなら、それだけいっそうあなた自身を尊敬することができる。

[3] 彼はあなたのことが羨ましい。あなたを妬む人が欲しているものは、すでにあなたが所有しているのだ。あなたを妬んでいる彼は、自身が欲しているものを手に入れることができない。たとえ彼が知識的に、肉体的に、技術的に、能力的に優れた部分を有していたとしても。

彼が欲しているものは、たとえば美しい容姿、人柄の良さ、人望、健康、若さ、娯楽(玩具)、富、権力、名声、利口(利発)、そして才能や英知などだろう。

---
30 眼力、見る目

あなたは自身を省みて、あなたのもっているものが普遍的価値であるなら、それは高位の優良性である。あなたは選ばれたのだ。あなたは自身が所有しているものを敬うことができる。そのあなたの自己尊敬は理知的なものである。

　あなたは素晴らしい普遍の宝を、あなたの普遍の知的行動によって磨き続けている。あなたには〈徳誉〉または〈真誉〉が輝いている。あなたはその誉れある宝を大切にしながら、楽しく自身の成すべきことを成せばよい。

第 12 章

利己的な人

　利己的に得ることが不可能なもの
　それは英知によって認識されるもの
　英知が捉えるものは完全性・普遍性
　それは利己性を超越した純粋なもの
　利己性は完全性・普遍性と疎遠である
　それは決して純粋深奥に誘われない

　1　世界の一部として変様展開するすべての存在は、本性的に類似性に向かう。すべての存在は、自己の存在の展開を拡大、促進させる類似性と結合しようとする。

　人間もまた変様展開する存在である。だが、人間の命は限られている。有機体である人間は、自身の活動力が増大する類似性を優先的に選択する。

　人間は選択したすべての目的を余すことなく追求することはできない。人間は自身が選んだすべての目的を均

第 12 章

等に、同等に求めることはできない。

　人間は自身の諸目的に重要順位を決める。つまり自身が最も重要だと判断した主要目的[31]とその不随目的[32]を規定する。主要目的と不随目的からなる階層構造を明確にするのである[33]。人間は優先順位の高い目的、すなわち主要目的を集中的に追求することになる。

　2　ところで、利己的な人は自己の強い欲望に駆られ、自己の目的を渇求する。彼は利己心を主体に、自己の目的が最も価値あるものとして臆見する。

　利己心とは他者や社会のことを考えず、自身の（利己的に得られる）目的・利益・快楽などを主要なものとして渇望する心の状態または妄執する欲望のことである。

　いいかえれば、非理性的・非良識的に自己利益を最優先する過度の欲望または欲念（欲心）のことである。

31　第一目的
32　派生目的
33　主要なものとそれに付随するものを明確にする。

利己的な人の熱狂さを観察すると、人間の欲念がいかに強いかを思い知らされる。

　それはともかく、一般大衆が妄執する傾向にある目的は、大きく「快楽」、「富・権力」、「名誉」に分けられる。俗人である利己的な人は、それらを利己的に妄執する。

　まずは快楽。快楽を発生させるものは実に多くある。たとえば、娯楽、趣味、飲食・飲酒、睡眠、恋愛・性交、負の情念の発散[34]など、あげればきりがない。

　それから富。たとえば、通貨、宝石・貴金属、土地、家財など。そして権力。たとえば、法、国家、政治、組織・派閥、武力、経済などへの権威・影響力など。いずれも即時的に社会的地位が優位になれるものが多い。

　最後に名誉。一般大衆の多くが妄執する名誉とは、私たちにとっては「虚名」のことである。いいかえれば、「大衆の臆見による名誉」のことである。

　彼らは他者から尊敬されたい、自身を誇示したい、虚栄心を満たしたい、人気を得たいと熱望する。

34　八つ当たり・憂さ晴らし・荒らし

第 12 章

　永遠真理[35]や最高善[36]と相違した大衆的な刹那性を渇望するのは、快楽、富・権力、名誉の浅薄な魅力に不確かな照明が当たっているからである。

　一般大衆の多くは、快楽、富・権力、名誉といったものが生きるための大きな力となることを信じている。彼らが快楽、富・権力、名誉に強く囚われていることは、そうしたものによって彼らの人生の基幹が満たされる、または有利になると臆見しているからだ。

　快楽、富・権力、名誉を妄執することについては、ここで論じるつもりはない。ただ私としては、そうしたものを主要目的として追求することは、人間本性的な活動とは考えていない。

　私にとって、快楽、富・権力、名誉といったものは、有徳的活動ないしは善行の本性に付帯したものである。いいかえれば、そうしたものは「主要における不随性」であると結論付けている。

35　永遠の真理
36　最高の善

3　さて、あなたに悪意を向ける人が快楽、富・権力、名誉のいずれか、もしくはそれらすべてに妄執する利己的な人であり、かつその人があなたを邪魔な存在だと見なしているならば、実に穏やかなことではない。

　なぜなら彼の強い欲念は、あなたを除去することも利己的な目標に含めてしまうからだ。利己心に支配された人は、自身の目的を妨げる人に対して悪意で対処する傾向にある。これは利己心が他者に向けられる悪意と相性が良いことを示している。

　——現在、あなたに悪意を向ける人の悪意は、害意や殺意には至っていないようだが、——彼の過度の欲念は、強い「敵対心」、「害意」、「殺意」などを生む。彼は第一目的を成し遂げるまで、あなたに妄執してくる。彼はあなたから完全に邪魔されなくなるまで、あなたに攻撃を加え続けるだろう。

　悪意ある利己的な人は、自身の目的の障害となるものを、焦燥と鬱積を抱きながら破壊しようとするだろう。

第 12 章

　利己的な彼には、あなたに悪意を向ける理由がある。彼の立場からすれば、あなたがなにかしらの事情によって彼の妄執を妨げているからである。

　あなたは、彼の目的への利己的な渇欲の展開から遠ざかることができるだろうか？　もしそれが可能なら、しばらくすれば、彼はあなたのことを気に留めなくなるだろう。利己的な人はなにかを熱望しているのだから、あなたを無害であると判断するや、すぐに自分の目標に向き直し、熱中するはず。

　あなたが、利己的な人が妄執しているものから離れることができないなら、あなたは彼と対峙することになる。その場合、あなたが利己的な人に対して同じように利己的な手段をもちいるなら、あなたは無意味な、不愉快な争いに身を投じることになる。

　それでは貴重な人生を浪費するだけである。そうした争いには刹那的な刺激はあっても、連続的な充実さはない。あなたはしばらくしたら焦燥と鬱積を募らせ、生きることが辛くなるだろう。

人生に苦しみはつきものだが、なにも自分の手で不幸になることはない。あなたは利己心に支配されることなく、自由に幸福であればよい。

　また、もし利己的な人が誤解によって悪意を向けているのであれば、あなたは善意によってその誤解を解くことも必要なのかもしれない。それについては、あなたの判断に任せたい。

　ただし、相手は露骨に悪意を向けてくるほど悪習に染まっている。悪意ある利己的な人は、善意ある人ではない。彼は不健全に展開している。彼は善性から離隔している。彼は善性を軽んじて生きている。私たちはこのことを忘れてはならないだろう。

4　いずれにせよ、利己的な人であっても、その人が完全な悪者であることはありえない。これまでと同様、彼ならびに彼との関係から尊敬性あるいは優良性の主要なものをくみ取り、敬うことに努めたい。

第12章

　[1] 利己的な活動は公共を潤すことがある。つまり、利己的な人の行動力は、社会に経済的な利益を生むことがある。経済が潤うことは、社会における医療・福祉、教育・芸術、公共施設などの領域にもその恩恵があるということ。私たちは社会の一員として、この事実を敬うことができる。

　[2] 利己的な人の不健全な剛直の意志と行動力、つまり他人のことはお構いなしの意志の強さや行動力の高さ、それ自体は（善いか悪いか、有徳か不徳かは別にして）優れたものである。意志の強さや行動力の高さは、人間がなにかをするための猛烈な動力源である。彼は利己心に支配されているとはいえ、かかる能力を備えていることそれ自体は尊敬に値するものである。

　[3] 利己心に隷従した人を観察することができる。利己的な人の強い欲望を観察し、知識・情報として得ることができる。知識・情報は価値がある。また優れたものである。私たちはその知識・情報それ自体を敬うことができる。

そして、悪意ある利己的な人を、悪しき見本つまり反面教師として学ぶことができる。利己心に支配され、悪意のままに生きる人の実例の提供に感謝し、敬意を表することができる。

　[4] 利己的な人の認識を通じて、自身が利己心に駆られることなく、正しく楽しく人間本性的な活動に従事していることを自覚し、その活動に努めている自身を敬うことができる。そのあなたの自己尊敬は本性的なものである。

第 13 章

無責任な人

　　無責任な悪意の淀み
　　そこで責任ある意思を発見したとき、
　　喜びはひときわ大きい
　　まるで宝を発掘したかのように

　1　昨今は心に余裕がなくなっている。老若男女を問わず、不機嫌さが目立っている。人々は軽々と悪意を向けるようになった。私たちは思わずそれに反応し、私たちの内で負の情念すなわち悪感情が芽生えそうになる。

　用心しなければならない、それは大きな罠である。あなたは彼らのようにすさんだ気持ちに陥りたいか？　もちろんあなたが望めば、一瞬でそれも容易に彼らと同じ気分になれるだろう。

　だが彼らと同じ不機嫌さに陥ったなら、そこから抜け出すことは容易でない。不機嫌さは、人生の否定に固執

するよう駆り立てる。どんなに些細なことでも逃さず否定しようとする。自身だけでなく、周囲も否定し、欠点を探し、不満をあらわにする、責任を負うことなく。

　悪意ある人は、自身の悪意の展開によって、自身と他者の精神ならびに生命の活動力を減少、停滞させている責任を果たしていない。悪意ある人は自身の悪意の展開に無責任なのだ。

　2　そもそも無責任とはなにか？　それに簡単に答える前に、責任についてやはり簡単にふれておきたい。

　責任とは自身の意思性、存在性、関係性を対処することである。もしくは、自身の意思性、存在性、関係性を負うことである。世間一般では、責任は「義務」の意味合いが強いように思われる。

　そして、無責任とは責任が無いことである。あるいは、責任を負わないことである。もしくは、責任を自覚していないこと、責任を感じていないこと、責任を認識していないことである。

悪意は意思性、存在性、関係性を軽んじる。このことから、無責任性は悪意の展開に非常に適したものであることが理解される。無責任性と悪意は、類似している。ゆえに、無責任性は悪意と容易に結合する。

　3　ところで、「匿名の場」[37]では実状または現実の立場を気にすることなく公正に発言することができる。そうした場では、私事・私生活について干渉されたり、侵害されたりすることが少なく、気軽に意見を述べたり、情報交換したりすることができる。
　匿名で言葉を発することができるのは、社会的自由の証である。匿名で自由に気楽に表現できる場があることは、私たちにとって尊いことなのだ。
　とはいえ、そのような社会的自由の産物は、まったく責任を負わなくてもよい場所、またはすべての責任を放棄できる場所というわけではない。そうした場は、部分的に責任の不要性を享受しているにすぎないのだから。

37　匿名の区分

第13章

　そのような匿名の場にも、より善い関係と信頼を築くために努力している人がいる。かかる健全な人は、自己の本性に従って、たとえ匿名の場であれ、責任を重んじ、責任をもって行動するだろう。

　他方、匿名の場は悪意ある人の脆弱性・低劣性を促進させる一面をもつ。その場は、悪意ならびに「悪意を伴う幼稚な甘え」を容認し、ときにはそうした悪性を発展させる一面をもつ——また場合によっては、そうした悪性を暴走させることもある——。私たちは、このことを心に留めておく必要がある。

　実際、匿名の場には責任をもたず、その匿名性を利用して悪意を展開する人がいる。その人は私たちにとって〈無責任な人〉または〈悪意ある無責任な人〉である。

　もう少し厳密にいえば、（匿名の場にて）悪意を放つことで（悪意を放った）自身の心に悪影響を及ぼすことに責任をもたない人、ならびに彼の悪意に悪影響を受けた人または悪影響を強いられた人、つまり悪意を放たれたことによって不快になったり、傷ついたり、悲しんだ

りする人に対して責任をもたない人は、私たちにとって〈無責任な人〉または〈悪意ある無責任な人〉である。

　4　今日、悪意ある無責任な人の行為、すなわち匿名を悪用して他人を傷つけること、他人を不快にすること、他人を卑しめること、他人を騙すことなどが珍しくなくなった。

　悪意を展開するのは、人間性が不足・欠如しているからである。それでいて、悪意ある無責任な人は、自身の不足・欠如（の状態）が不満である。そのため、彼は鬱憤を晴らしたいと常に思っている。同時に、他人に評価されたい、認められたい、と常に願望している。

　さらに無責任な人は、自身の貧しい人間性を恥じ、その事実を隠蔽しようとする。彼の心は傷つきやすい。だから彼は、自分が傷つかないように匿名に隠れる傾向にある。無責任な人は、匿名によって都合よく自分の立場を変えて嫌いな対象を叩きのめそうとする。

第13章

　悪意ある無責任な人は自分の弱さに甘く、他人に厳しい。繰り返すが、悪意は人間性の不足・欠如を原因とする。つまり悪意が生まれる一要因は、人間本性の弱さ、いいかえれば人間本性に準じる精神の不足・欠如による脆弱の陰気性または脆弱の消極性からもたらされる。

　せっかくなのでもう少しいえば、悪意が生じる原因の一つは、自己の理性力の脆弱によって現状の自己の精神の脆弱を陰気・消極に否定し、その状態を改善しようとしないために、自己の精神の脆弱がより減退しているか、もしくは停滞し続けていることにある。

　5　悪意は心の弱さである。ゆえに悪意ある無責任な人は、容易に結合できる負の類似性に過度に依存する。彼はなるべく自らの手を汚さず、自身の現状の不足・欠如、不満、不安から脱却しようと他の脆弱性に依存し、他の脆弱性を増大させようとする。彼は自身の無責任な悪影響力の強さに応じて、他の類似した悪性をより悪化させるだろう。

では、そのような悪意ある無責任な人から、私たちは尊敬性を発見することができるだろうか？
　私はそうした人にも尊敬性あるいは優良性があると考える。やはり悪意ある無責任な人であっても、その人が完全な悪者であることはありえないからだ。ゆえに、彼ならびに彼との関係から尊敬性あるいは優良性の主要なものをくみ取り、敬うことに努めたい。
　[1] 悪意ある無責任な人もまた「世界の一部」としての生命体である。彼は無責任に隠れ、悪意を主体に生命を費やしているとはいえ、自身の弱さに苦悩しながらも懸命に生きている。
　悪意に支配されて生きることは悲惨である。悪意ある無責任な人の多くは、自身の心の弱さを否定しながらも自身の心の弱さによって絶望している。その状態を改善する強さがほとんどないからだ。悪意に塗れた陰惨な人生であれ、それでも生命活動を続けていることは尊敬に値する。

第 13 章

[2] 私たちは、悪意ある無責任な人の匿名を通じた悪影響の作用・構造を観察し、知識・情報として得ることができる。知識・情報はそれがどのような内容であれ、価値がある。また優れたものである。この意味で、その知識・情報それ自体を敬うことができる。

別の角度から捉えると、悪意ある無責任な人の人間性が失われていく過程、たとえば無責任に悪意をまき散らすことで抑圧、苦痛、苦悩などから逃避しようとする反本性的な生は、実例として記録される。彼が自ら悪例の見本となって人類に貢献していることは尊敬に値する。

[3] 誰でも、無責任になることは容易である。誰でも、無責任に悪意をまき散らす可能性がある。

こうしたことを自覚し、今の私たちが悪意に支配されていないことを尊敬することができる。私たちは悪意から遠退いていることで、それぞれが自己尊敬を展開することができるのだ。

付記。まず、善意ある人は、必然的に類似した人すなわち他の善意ある人を支援する。世界における善意は、無数の善意によって構成されているのだから。
　無責任な悪意の淀みに存在する僅かな善意を発見し、尊敬することができる。匿名の場にも責任をもった善意ある人はいる。
　責任をもった善意ある人には、普遍的な信念が備わっている。そうした人は、責任ある善意によって、他の善意ある人を心から信頼する。
　無責任に悪意を向ける人たちが欲望のままに暴れられる場であれ、責任をもった善意ある人と出会い、善意を共有し、友情を育むことができるだろう。責任をもった善意ある人たちは、普遍的な善意の類似性に基づき、互いを尊重し続けるだろう。
　数少ない善意ある人たちとの善き邂逅によって、自身の知的冒険心は必ずや促進される。それは知恵の探求によって得られる真理に準じたかけがえのないものだ。

第 14 章

悪口を言う人

悪口を言う
それは愚物・小物である証

　1　悪口は儚い。悪口は惨めである。悪口は不毛である。悪口は無価値である。

　だから「悪口なんか気にするな」。誰もがこの言葉に同意してくれるに違いない。理性を見失って悪意に操られることは、空虚で、不安定である。私たちは本性的に、芯のないものに影響される必要はないのだ。

　悪口を言う人は、なにが精神の軸であるかを知らない。彼は知性ならびに知性の先にあるものを軽んじている。

　悪口は愚かな行為である。無考えに悪口を言うことは、自己の精神の誤謬(ごびゅう)と混乱による不確かな、陰気な、卑劣な、浅薄な行為である。悪口から信頼すべき価値はなにも生まれない。悪口から幸福は決して生まれない。

第 14 章

　私たちの精神が本性的に正しく展開するならば、私たちは幸福にあずかることができる。私たちは理性の導きに従うことで、知的な幸福者となる。

　反対に、無考えな不幸者または不知の不幸者、つまり、悪意ある愚者には普遍的な理性の指令が届くことはない。

　悪口を言う人は、悪意ある愚者の一種である。他者の悪口を言う人は、普遍的な人間本性の展開から逸脱している。ゆえに不幸である。悪意ある愚者にとって、すべての価値は遠く隔たったものである。

　悪意ある愚者が世界の価値である〈真善美愛〉を真に理解することは――不可能である、とまでは言えないが、少なくとも――極めて難しい。

　もし彼が、悪意の生を送ることで世界の普遍的過程から外れる、という事実を知ったとしても、それでも彼は自身の行為を改めないだろう。彼が悪意ある愚者であるかぎり、彼には「精神の強さ」が欠けているからだ。彼は自身の悪意の展開を抑制するための精神の能力つまり勇気の一種である「自制心」が貧弱であるからだ。

2　ところで、悪口あるいは悪態とは、悪意を主体に〈嫌悪すべき対象〉または〈嫌悪の対象〉を定め、その意見または臆見について非自制的に公言することである。端的に、負の情念に流されて嫌いな人、気に入らない人のことを悪く言うことである。

　悪口を言って自他ともに善くなることはない。悪口を言う、この最も浅はかな行為ですら自制できない者が、今後も絶えず自身の内で生み出される強力な悪しき情念に、どのように対処していくのだろうか？　その内なる永劫闘争の勝利は、絶望的であると言わざるをえない。

　前述したように、悪口は自制心が弱い未熟者[38]または狭隘者[39]による低劣な悪質行為である。いいかえれば、悪口は未熟な人間性による最も軽率な行為の一つである。

　悪口を言う人は、常に低次の不満を抱いている。悪意のままに悪口を言おうものなら、たちまち今の悪状態はさらに悪化していく。自身の人間性に自身で致命的な傷をつけ続けるのだ。悪意による自傷行為に終わりなし。

38　未成熟者
39　心が狭い人

第 14 章

　3　悪口を言われる対象があなたでなく、他者であるなら、あなたはそれに乗らないだけですむ。他者への悪口を平静に流すだけですむ。悪口を言ったその人は、自ら悪性を呼び込む。彼はあらゆる面で損をするだけだ。

　悪口は無価値な愚行である。悪口を言うような貧しく脆弱な心をもつ者から自身の心を縛られる必要はまったくない。悪口なる低劣な悪質行為によって、自身の活動力を減少させる謂れはどこにもないのだ。

　しかし直接あなたに悪口を言う人は、まだましかもしれない。なぜなら、もしあなたに未熟な部分があるなら、彼はあなたのそうした部分を指摘してくれるかもしれないからだ。たとえ彼の動機が悪意であっても、あなたは自身の欠点を知る機会が得られることになる。

　またもしかすると——私にとっては未体験なことであるが——、直接悪口を言う人と心から理解し合える、という貴重な体験が得られるかもしれない。あなたがそうした稀な体験をされたなら、どうか私に教えていただきたい。私は喜んであなたの意見を参考にするだろう。

4 それから、仲間と悪口に興じる場合、つまり仲間内であなたの悪口を言って仲間と盛り上がる場合。これは悪口を言う行為のなかで、最も卑怯な行為である。

悪意は他の悪意によって増大する。彼らの悪意は他の類似した悪意と結合することで、より大きなものとなる。集合的な悪意の勢いは、各自の不満、悲しみ、寂しさ、虚しさなどを一定の時間だけかき消す作用がある。

彼らは自身の脆弱性を隠すことなく、気に入らない人の悪口を言って、不満、悲しみ、寂しさ、虚しさなどを慰める。彼らは他者を傷つけて仲間意識を高める。

なお、他者の悪口に興じる行為には、自分が仲間から悪口を言われないようにするための狡さも含まれる。

悪口を言う人たちは、自分たちが無力で、陰湿・陰険で、独りでは大したことはできない小心者であることを明かす。群れなければ心細い、陰湿・陰険な小物であることを、彼らは自身によって開示しているのだ。

彼らの自己開示には信憑性がある。それは十分に参考にできるものである。

第 14 章

5　しかしながら、そのような悪意によって悪口を言う人であっても、その人が完全な悪者であることはありえない。彼ならびに彼との関係から尊敬性あるいは優良性の主要なものをくみ取り、敬うことに努めたい。

[1] 世界を一つの集合的活動体と考えるならば、世界に無駄なものはなにもないだろう。悪意に駆られ、悪口を言うような心の貧しい人であっても、やはり「世界の一部」なのである。

悪口を言う人は、卑劣な人である。心の弱さのままにねじれ、悪意に依存して生きることほど惨めなことはない。そのような彼であっても、自己の弱さに苦悩しながら、この世界で「世界の一部」として生きている。

無考えに他者の悪口を言う人は、自身の人間性を破壊しながら懸命に足掻いている。自身の生命に固執し、もがき苦しみながら生き続けることは、粘り強い生命本能のなせる業である。その生命活動に敬意を表することができる。

[2] 悪意への善意の対応によって自己尊敬が生じる。つまり、自身の悪口を言う人への善意ある対応を自身によって尊敬することができる。そのあなたの自己尊敬は正当なものである。

　まず、悪口を言うことで人間性が貧しくなる。悪口を言うことで、より不満に、より悲しく、より寂しく、より虚しく、より惨めに、より無力になる。

　反対に、悪口に対する善意ある毅然とした態度や安穏（粛然）とした態度は、自身だけでなく、他者にも善い影響を与える。ここに一つの真理がある。

　悪口の黙殺あるいは看過は善を展開する。すなわち、悪口を受け流し、それを言った人から善意によって平静に離れること、距離を置くことは、自身の人間性だけでなく、それに共鳴する類似した他者の人間性をもより善く向上させる。

　したがって、悪口を言う人への善意による対応は、尊敬に値するものである。

第 15 章

自己尊敬

善意を動機とした小旅行
悪意を知るために
悪意との関係によって得られるもの、
自己尊敬

1　親愛なる読者よ、あなたなら私以上に、悪意を向ける人から様々な優良性、つまり一般的な意味での尊敬性あるいは一般概念による尊敬性を見出すことができるだろう。

さて、私は悪意ある人を大きく分けて考察してみた。この試みが十分に成功したとは思えないが、少なくとも私が最も伝えたかったことは伝えられたと思う。それとは、健全な自己充足あるいは自己満足と結合する知的な「自己尊敬」である。

第 15 章

2 悪意に対する善意ある対応によって、知的探求の尊敬性または理性的尊敬性(理性主体に変様した尊敬性)もしくは共通概念（普遍概念）による尊敬性に属した自己尊敬が生じる。

そうした知的な自己尊敬は、悪意に対応するための重要な鍵となる。あなたが誰かから悪意を向けられたなら、あなたはその負の意思に応じて自身を敬うことができる。善意でもって悪意に対応するたびに、あなたの尊敬性は増大し、より崇高なものとなるのだ。

第 16 章

回答として

　知者は善意によって、悪意から健全に離隔する
　知者は悪意から離れながらも、その悪意から善を探る

　1　親愛なる読者よ、あなたの質問[40]に答えるときがきた。あなたの問いには、おそらく無数の回答があるだろう。私の回答はそのなかの一つにすぎない、このことをあらかじめご理解いただきたい。

　あなたの問いに対して、「その方法はある」と答える。私にとって、なるべく自身が負の影響（悪影響）を受けずに、悪意を向ける人と関わる方法とは、善意を動機に悪意ある人の悪性を可能なかぎり正しく認識し、その人から精神的に、物理的に完全に離れられるまでは、その人から離れながらも一心に優良性・尊敬性を見出そうとすることである。

40　10頁

第 16 章

　幸福の知的行動によって向上し続けることで、あなたはやがてあなたに悪意を向ける人から完全に離れられることができるだろう。今の私には、これ以外の答えを持ち合わせていない。

　2　親愛なる読者よ、善意によって悪意ある人から距離を置きつつ、その人から尊敬性を見出そうとする行為は、私たちの生に普遍的な善の潤いをもたらす。

　悪意を向ける人は、私たちにとって歓迎すべき対象ではない。だがそのような人から尊敬性を見出せるなら、私たちの善意はより増大することになるし、また前述したように悪意に対する善意の対応は「自己尊敬」をもたらしてくれる。自己の内に諸真理ならびに真理本体への英知と探究心または賢明と講究、さらにそれらに属するものを発見し、尊敬することができるのだ。

　私たちはすべてを尊敬しようとする自身の意思を、理性に即して尊敬することができる。善意ある自己尊敬によって、英知に属する生活すなわち〈幸福の知的生活〉

は、より充実することだろう。

　3　虚しく儚い悪意によって、一度限りの人生を台無しにするのはもったいないことだ。

　私たちの活動の舞台は、壮大な宇宙である。宇宙の展開は神秘である。大いなる展開の内に産出される無数の生命もまた神秘である。

　自己の内なる理性の声を聞くといい。そう、私たちは神秘の一部である「私の人生」の主人公として、より善く、より完全に、より美しく、より永遠に、自身の本性に従ってなにかを築き上げていくべきだろう。

　善行である知的行動に終わりなし。そうした活動には、すべてを敬うことも含まれている。尊敬を契機に、悪意を向ける人をも認めることは善行である。同様に、彼の悪意を堂々と静穏に超克することで自身を喜ばせ、愛することも善行である。

第 16 章

4 理性の導きによって純粋さを維持しながら、深く遠くを目指すこと。しかしその活動は、多くの者を納得させるものではない。決して容易ではない知的行動には、様々な悪意による反発があるだろう。

だが、それで善い。「正しく楽しい行為」以上の妥当な行為は、他に存在しないのだから。

親愛なる読者たちよ、この生を大いに楽しもう。

第 17 章

宇宙における善意

善意は不滅である
それは永遠に宇宙の本性として展開する

1　通念的偶然性。世界は偶然にできている、という臆見は私の魂を揺さぶらない。むしろ私は、この世界が確かなものによってはじめて存在することを思慕する。

　永遠の範型。それは宇宙の純粋概念。それは宇宙の善観念。その永遠なる精神は、あなたに悪意を向ける人をも受けいれているに違いない。

2　世界の一部である私たちは、自己の理性に導かれ、世界に存する無数の善の根源を目指す。私たちの理性は、真理に導く普遍知性すなわち探求知性であるからだ。

　私たちは自己の理性によって、世界に理想があることを理解する。世界は理想である完全善を軸に創造展開し

第 17 章

ている、真理創造者の意思によって。

　真理創造者は、唯一絶対の真理本体である。それが唯一絶対であるなら、世界変状または所産変状した真理本体の観念である理想すなわち完全善と拮抗するようなものは存在しない、ということになる。

　世界に完全悪は存在しないだろう。ならば、世界に完全な悪者も存在しないだろう。悪意だけの人間、または善意の欠片もない人間が存在するとは考えにくい。

　あなたにとっての悪意ある人は、他者にとって同様の性質とは限らないかもしれない。あなたに悪意を向ける人は、あなた以外では善意を向けているかもしれない。

　あなたは悪意を向けてくる人から優良性を見出し、敬おうとしている。あなたは〈尊敬すべき対象〉あるいは〈尊敬の対象〉である。そんなあなたが、あなたに悪意を向ける人から他者への善意を見出せたなら、きっと大きな感銘を受けることだろう。

　他の善性との関係一致によって、あなたという小宇宙は、大宇宙の本意に基づき躍動する。

3 善悪が混在する一宇宙。人間は宇宙のように自身の内に完全性、有益性である善と不完全性、有益性への妨げ、不善、欠善(善の欠如)である悪を混在させている。

一小宇宙すなわち一人間の活動力は、大宇宙の一活動力である。一人の人間の活動力の増大と減少、増進と減退、能動と受動は、宇宙の一部の活動力の増大と減少、増進と減退、能動と受動なのである。

宇宙における全生命は、存在の一様相にすぎない。私たちは自身を含めた森羅万象が、所産変状した真理本体の観念すなわち永遠なる理想によって創られた変様展開する創造表現であることを認識する。私たちは世界が絶えず関係しながら創造展開していることを直覚(直観)することで、自身を完成させる善性に本質的に従う。

一善性の展開は、他の善性の展開を純粋に助長する。あなたに悪意を向ける人の他者への善意は、宇宙の永遠なる善意の一部として貢献している。あなたに悪意を向ける人に宿っている善意が、他の生命を通じて、宇宙の永遠の範型に順調に帰還することを願おう。

倉石 清志（Seiji Kuraishi）
1975年福岡県生まれ
長崎純心大学大学院博士後期課程修了。博士（学術・文学）
専攻は哲学、文学
〔著書〕『創られざる善 創作に関する書簡集』、『隠者の小道』、
　　『永劫選択』、『最も近き希望』、『陽だまり 他一篇』、
　　『多くの一人』（監修）

尊敬についての随想

2018年11月20日　第一刷 発行
著　者　倉石 清志
発行者　森谷 朋未
発行所　Opus Majus
印　刷　中央精版印刷株式会社

本書の無断複写は著作権法上での例外を除き禁じられています。
購入者以外の第三者による本書のいかなる電子複製も一切認められておりません。
©Opus Majus 2018 Printed in Japan
ISBN 978-4-905520-15-3 C1010 ¥1700E
落丁・乱丁はお取替えします。